AF370067

VENTE DU JEUDI 26 DÉCEMBRE 1901

HOTEL DROUOT, SALLE N° 7

à deux heures

OBJETS D'ART

ET D'AMEUBLEMENT

DE L'EXTRÊME-ORIENT ET EUROPÉENS

CÉRAMIQUE, OBJETS DE VITRINE

LIVRES — PARTITIONS DE MUSIQUE

BRONZES — MEUBLES

Étoffes

EXPOSITION PUBLIQUE

LE MERCREDI 25 DÉCEMBRE 1901

DE 1 HEURE 1/2 A 5 HEURES 1/2

COMMISSAIRE-PRISEUR	EXPERTS
Mᵉ **PAUL CHEVALLIER**	MM. **MANNHEIM**
10, rue Grange-Batelière	7, rue Saint-Georges

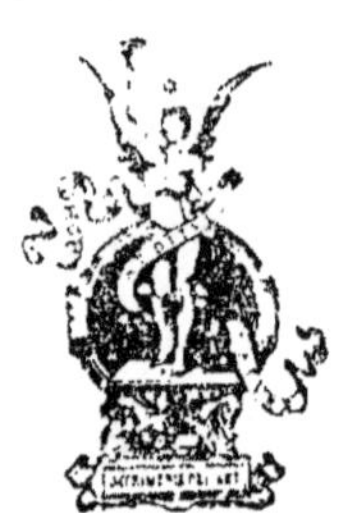

CONDITIONS DE LA VENTE

Elle sera faite au comptant.

Les acquéreurs payeront *dix pour cent* en sus des prix d'adjudication.

Paris. — Imp. de l'Art, E. Moreau et Cⁱᵉ, 41, rue de la Victoire

DÉSIGNATION DES OBJETS

CÉRAMIQUE

1 — Deux vases en poterie vernissée. Haute-Guyane.

2 — Paire de vases chinois en céramique, fond gris.

3 — Plateau en porcelaine de Chine, à personnages.

4 — Deux plats de gâteaux et de feuilles de bétel, et branche de mangues, en céramique. Chine.

5 — Deux vases en porcelaine craquelée de la Chine : personnages.

6 — Deux boîtes cloisonnées sur céramique. Japon.

7 — Aiguière et plateau en porcelaine du Japon : fleurs, fonds blanc et rouge.

8 — Service à thé en porcelaine du Japon, à dessins variés.

9 — Sucrier avec couvercle. Satzuma.

10 — Deux bouteilles, poterie japonaise : personnages, fond jaune.

11 — Statuette de personnage barbu assis, en poterie chinoise.

12 — Paire de vases en céladon vert craquelé, avec zones réservées en biscuit brun. Chine.

13 — Petit vase, à décor bleu et rouge, lambrequins. Rouen.

14 — Paire de petites potiches, à décor bleu : rochers et fleurs. Ancienne faïence de Delft.

OBJETS DE VITRINE

15 — Deux boîtes, décor au vernis.

16 — Miniature Empire : portrait de femme.

17 — Trois reliquaires-pendentifs en argent.

18 — Escarcelle, velours noir, montée argent, d'ancien travail hollandais.

19 — Breloque, en forme de main, en argent, enrichie d'un diamant.

20 — Peigne orné de diamants montés argent.

21 — Deux broches rondes, enrichies de diamants.

22 — Plaque enrichie de diamants montés argent.

23 — Bague, or et diamants.

24 — Bracelet, agate et petite mosaïque montées or.

25 — Fermoir, or et diamants.

26 — Paire de boucles d'oreilles, grenats et diamants montés or.

27 — Boîte en agate, montée cuivre doré.

28 — Broche, camée corail : tête de femme ; monture argent doré, enrichie de pierres de couleur.

29 — Paire de boucles d'oreilles, corail et diamants montés or.

30 — Épingle de cravate, camée dur : tête d'homme.

31 — Flacon, cristal, monté or.

32 — Agrafe, jade.

33 — Montre en or guilloché, avec filet d'émail bleu.

34 — Montre à double boîtier, avec breloquet, argent doré, motifs rocaille et personnages.

35 — Douze manches de couteaux, albâtre.

OBJETS VARIÉS
DE L'EXTRÊME-ORIENT

36 — Chapeau de femme annamite.

37 — Chapeau annamite et deux coiffures de mandarins militaires.

38 — Quatre grands écrans à hampes laquées. Tonking.

39 — Deux bambous avec applications de nacre et d'ivoire, à personnages. Japon.

40 — Trois sabres japonais, ivoire sculpté.

41 — Deux panneaux japonais en bois laqué, avec applications d'ivoire et de nacre : scènes familiales.

42 — Deux autres : fleurs et oiseaux.

43 — Deux plateaux, écaille laquée. Japon.

44 — Petite pagode japonaise.

45 — Boîte à thé chinoise, laque.

46 — Éventail à monture d'ivoire. Japon. Avec boîte.

47 — Boîte à thé, laquée. Japon.

48 — Deux vases, émail cloisonné du Japon, fond bleu : dragons.

49 — Miroir japonais.

50 — Pot à tabac en ivoire sculpté, à personnages. Japon.

51 — Deux figurines japonaises, ivoire : femme et enfant.

52 — Langouste en ivoire. Japon.

53 — Six kakemonos japonais, formant une suite de sujets relatifs à la météorologie : le tonnerre, les éclairs, la pluie, la neige, le vent et l'arc-en-ciel.

54 — Pipe à eau. Chine.

55 — Deux bambous sculptés, porte-fleurs. Chine.

56 — Grand éventail en bois. Chine.

57 — Autel des ancêtres, composé d'un support, de l'autel et des cigognes; bois laqué rouge et or. Tonking.

58 — Deux inscriptions de pagode, en bois laqué rouge et or. Tonking.

59 — Boîte, plateau, deux étuis; marqueterie de Bombay.

60 — Boîte, bois sculpté et marqueterie. Bombay.

61 — Dent d'éléphant. Ceylan.

62 — Deux inscriptions de pagode, en bois incrusté de nacre. Ancien travail du Tonking.

63 — Deux plateaux variés, à galerie et sur pieds, en bois incrusté de burgau. Tonking.

64 — Deux plateaux rectangulaires. Même travail.

65 — Plateau ovale. Même travail.

66 — Petit panneau. Même travail.

LIVRES, PARTITIONS
OBJETS DIVERS

67 à 72 — Sous ce numéro, volumes anciens et modernes : Corneille, Racine, Musset, Pascal, La Bruyère, Rousseau, Massillon, etc. Seront divisés.

73 à 75 — Sous ce numéro, partitions de musique : Beethoven, quintettes d'Onslow, Mozart, Haydn, etc.

76 — Chevalet en bois sculpté.

77 — Petit bénitier en cuivre émaillé. *Maison Barbedienne.*

78 — Aiguière turque, en cuivre.

79 — Figurine de sainte femme debout, en ivoire. XVIIᵉ siècle.

80 — Petit groupe en marbre blanc : la Vierge tenant l'Enfant Jésus. XVIᵉ siècle.

81 — Haut-relief en bois sculpté : Pieta. XVIᵉ siècle.

82 — Statuette de sainte Cécile, en bois sculpté.

83 — Cadre du XVIIᵉ siècle, bois doré, à feuillages.

84 — Cadre du XVIIᵉ siècle, bois doré, fleurs.

85 — Cadre, bois sculpté, fleurs et feuilles.

BRONZES DE L'EXTRÊME-ORIENT

86 — Brûle-parfum, de forme ronde, avec couvercle, en bronze du Tonking, décor de crabes et langoustes.

87 — Deux chandeliers en bronze du Tonking : chiens de Fô.

88 — Appareil de fumeur, bronze chinois : plateau, coupe, vase et ustensiles.

89 — Brûle-parfum, bronze de la Chine, avec pied et couvercle en bois dur ajouré.

90 — Deux brûle-parfums : éléphants. Bronze chinois.

91 — Chauffe-mains en métal incrusté, Chine, et chibatchi en bronze, Japon.

92 — Brûle-parfum, bronze du Japon : statuette de personnage soutenant un vase au-dessus de la tête.

93 — Grand brûle-parfum japonais, en bronze patiné, avec couvercle ; décor de statuettes, dragons, etc.

94 — Plat en cuivre gravé, Tonking : fleurs et carrelages.

95 — Neuf pièces, cuivre gravé de l'Inde : flacon-aspersoir, vase avec couvercle, deux petits porte-bouquets, cinq plateaux variés.

BRONZES DIVERS

96 — Paire de candélabres à deux lumières, en bronze, genre Louis XV.

97 — Cartel en bronze, à décor de motifs rocaille : figurine du Temps, etc.

98 — Petit buste en bronze patiné : Vénus, de Gnide. *Maison Barbedienne.*

99 — Statuette en bronze patiné : Diane, de Gabies, portant la mention : exemplaire spécial. *Maison Barbedienne.*

100 — Paire de candélabres à cinq lumières, en bronze patiné, tige cannelée, pieds dragons. *Maison Barbedienne.*

101 — Paire de flambeaux en bronze patiné, tige cannelée ; pied à palmettes. *Maison Barbedienne.*

102 — Paire de petits vases porte-allumettes, bronze patiné. *Maison Barbedienne.*

103 — Petit vase porte-allumettes, en bronze patiné, orné de mascarons. *Maison Barbedienne.*

104 — Paire de lampes en bronze patiné, en forme de vases à anses droites et à panse ornée de figures de style antique. *Maison Barbedienne.*

105 — Deux plaquettes italiennes, et médaillon : portrait de Henri IV, bronze.

106 — Bas-relief, bronze : nymphes et satyres.

107 — Figurine de Christ, en bronze patiné, et petit bouquet en fer.

108 — Coffret en bronze, de style antique.

MEUBLES DE L'EXTRÊME-ORIENT

109 — Petit paravent laqué, à trois feuilles. Chine.

110 — Guéridon en bois dur ajouré, dessus de marbre veiné. Chine.

111 — Paravent à six feuilles, en bois sculpté, à fleurs; feuilles en soie brodée. Japon.

112 — Cabinet à tiroirs, casiers, coulisse, en bois incrusté de nacre, à figures, paysages, guerriers, etc. Tonking.

113 — Deux tabourets. Même travail.

114 — Étagère d'angle, en bois laqué blanc et or, à fleurs. Ancien travail du Tonking.

115 — Étagère annamite, bois sculpté, à personnages.

116 — Coffret annamite, en bois sculpté, à fleurs.

117 — Huit chaises en bois dur ajouré et sculpté, à quatre décors : divinités. Indes.

118 — Bibliothèque en bois dur sculpté, imitant une des portes de la pagode de Madura. Indes.

119 — Buffet de même travail, représentant des motifs de sculpture de Pondichéry. Indes.

120 — Étagère en laque du Japon.

121 — Cabinet en bois, incrusté de nacre, à décor d'habitations, ustensiles etc. Tonking.

122 — Petite armoire de même travail.

MEUBLES VARIÉS

123 — Glace dans un cadre rocaille, en bois doré.

124 — Trumeau, bois peint blanc et doré, avec glace à la partie inférieure.

125 — Bibliothèque en acajou et cuivre Louis XVI, à portes vitrées.

126 — Deux chaises Régence, bois sculpté, sièges et dossiers cannés.

127 — Glace dans un cadre en bois doré, à fronton formé d'une couronne.

128 — Petite console en bois ajouré, sculpté et doré, à entrelacs, à deux pieds cannelés. Dessus de marbre. XVIIIe siècle.

129 — Meuble à une porte et un tiroir, en bois sculpté, à
feuillages, mascarons, colonnettes engagées; pieds ba-
lustres.

130 — Cabinet sur table-support, en bois noir incrusté
d'ivoire et avec applications d'agate, etc.; décor de figurines en bronze, colonnettes, etc.

131 — Petit coffre en bois sculpté, à façade présentant des
moulures. XVIIe siècle.

132 — Canapé, quatre fauteuils et deux chaises, en bois
sculpté, à motifs rocaille, couverts en velours rouge
ciselé. *Maison Mazaroz.*

133 — Tableau, bois sculpté, de style Renaissance.

134 — Petite table en bois sculpté, de style Renaissance, à
sept pieds colonnettes.

135 — Console Louis XV, en bois ajouré, sculpté et doré, à
motifs rocaille. Dessus de marbre.

136 — Buffet, à corps supérieur vitré, en chêne sculpté, à
fleurs et feuilles; corps inférieur à portes pleines, XVIIIe
siècle.

137 — Armoire à deux portes, en bois sculpté, à moulures,
ornées de ferrures. XVIIIe siècle.

ÉTOFFES DE L'EXTRÊME-ORIENT
ET AUTRES

138 — Quatre étendards annamites, en flanelle, à hampes de bambou, portant les noms de villes du Tonking.

139 — Portière en satin prune, brodé : fleurs et dragons. Tonking.

140 — Bandeau en damas de soie jaune, à inscriptions brodées. Tonking.

141 — Bandeau en satin grenat brodé : paysage maritime. Tonking.

142 — Tapis de table en satin prune brodé : fleurs et poissons. Tonking.

143 — Tapis de table en satin jaune brodé : fleurs et dragons. Tonking.

144 — Portière en satin crème brodé : fleurs et oiseaux. Japon.

145 — Tenture chinoise, brodée, à personnages.

146 — Tunique et jupe de femme chinoise, en soie saumon brodée, à personnages.

147 — Tunique en gaze bleue et deux jupes, crêpe violet et gaze saumon. Chine.

148 — Quatre panneaux pour paravent, en satin brodé, fonds jaune, blanc, grenat : fleurs et oiseaux. Tonking.

149 — Deux bandes, satin rouge broché.

150 — Quatre morceaux, étoffe orientale, fonds bleu et rouge.

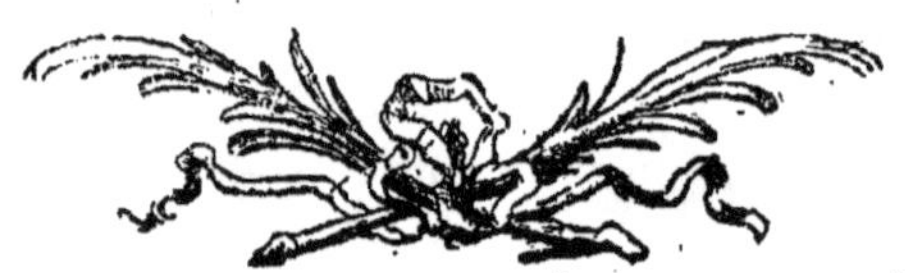

www.ingramcontent.com/pod-product-compliance
Lightning Source LLC
LaVergne TN
LVHW010830180726
843502LV00009B/3534